LETTRES

AU MERCURE DE FRANCE,

SUR

LE NON-SENS ET LA NON-EXISTENCE DES GOUVERNEMENS REPRÉSENTATIFS;

Par M. le comte de SAINT-ROMAN, pair de France.

1817.

LETTRES

AU MERCURE DE FRANCE,

SUR

LE NON-SENS ET LA NON-EXISTENCE DES GOUVERNEMENS REPRÉSENTATIFS.

————

Monsieur le chevalier D. L. C. B. ayant attaqué, dans le Mercure du 2 novembre dernier, des principes où l'on avançait, dans une brochure nouvelle, que le mot *gouvernement représentatif* impliquait contradiction, et que cette sorte de gouvernement était un être de raison et une idée fausse qui ne pouvait avoir d'existence, M. le comte de Saint-Roman, qui à cet égard partage entièrement la manière de voir de l'auteur de cette brochure, crut devoir écrire à ce sujet la lettre suivante, qui fut insérée dans le Mercure du 30 novembre :

Paris, ce 10 novembre 1816.

A M. le rédacteur du Mercure de France.

MONSIEUR,

J'ai l'honneur de vous adresser l'exemplaire d'un ouvrage directement contraire à la doctrine que vous avez professée dans le Mercure du 2 de ce mois, en réponse à une brochure qui soutient que, *par la nature des choses, il ne saurait exister de gouvernement représentatif.* Quelles que soient les raisons que l'auteur de cette brochure allègue en faveur de son opinion, la mienne ne diffère en rien de la sienne quant au fond de la question ; et je déclare avec franchise que rien ne me semble plus faible que votre réfutation , non pour le style , qui est très-bon , mais pour les argumens , qui manquent entièrement à la cause que vous vous efforcez de défendre.

Vous convenez vous-même qu'il n'y a dans une nation qu'un très-petit nombre d'individus qui soient représentés ; mais , sans m'arrêter à cette considération , je vais droit au but , et je vous prie de me répondre , s'il est possible , au principe que voici :

Quand deux volontés différentes peuvent naître et subsister entre le représentant et le représenté , la représentation disparaît.

En vain dira-t-on qu'au moment où l'électeur élit le représentant , sa volonté est d'être représenté par lui , et d'en passer par tout ce qu'il voudra , quelles que puissent être ses opinions par la suite.

Cette entière abnégation de soi-même n'est admise dans aucun acte civil ; elle est semblable à celle du cénobite qui donne sa voix pour élire le supérieur du monastère : il fait un abandon total de sa propre personne , et il *meurt désormais dans sa volonté.* Un représentant , pour le temps de sa mission , n'est pas autre chose que ce supérieur ; c'est *un magistrat électif , un arbitre temporaire des destinées* de ceux qui l'ont envoyé dans l'assemblée législative ; et , ce qui achève de démontrer la nullité de la représentation , est que les commettans n'ont aucun droit de ratification à exercer sur les décrets qui leur sont signifiés de la part des représentans. Les gouvernemens , nommés mal à propos gouvernemens représentatifs , ne sont donc qu'une sorte de gouvernemens électifs ; et dès lors , rentrant dans la classe des choses connues , ils perdent tout le vain prestige dont on a cherché à les environner. J'ai déjà traité fort au long cette matière dans mes précédens écrits , et je joins à mon envoi un exemplaire des seconds développemens de ma proposition du 18 janvier dernier. Vous y trouverez , depuis la page 17 jusqu'à la page 21 , l'énonciation des mêmes idées , et presque les mêmes expressions dont je viens de me servir.

Je vous prie pareillement de jeter les yeux sur mon nouvel ouvrage , depuis la page 67 jusqu'à la page 98, pour y voir la réponse que je fais à des personnes qui se figurent que la représentation existe au moins lorsque les résolutions des assemblées législatives sont d'accord avec les intentions des commettans. Je prouve que le gouvernement de Constantinople

a autant de droit de s'intituler gouvernement libre, lorsque
le firman du grand-seigneur est agréable à ses sujets, que les
assemblées en ont d'usurper le titre de représentation, lorsque leurs décrets sont conformes aux vœux des prétendus représentés. La satisfaction qu'éprouve le peuple dans les deux
circonstances n'est que précaire et dépendante, et ne peut
permettre de le considérer en rien comme jouant un rôle actif,
et comme donnant à ses fondés de pouvoir les ordres qu'il re-
çoit lui-même et auxquels il doit obéir, soit qu'il les approu-
ve, soit qu'il en murmure.

Il est temps, Monsieur, et plus que temps, que des préjugés *absurdes* disparaissent, et que des notions exactes vien-
nent rectifier *des idées vagues et fausses dont tous les partis
peuvent s'emparer*, et qui depuis trente ans n'ont cessé de
faire couler le sang à grands flots dans toutes les parties du
globe.

Je vous écris à la hâte, et, par cette raison, je ne vous
presse pas de rendre ma lettre publique ; vous ferez à cet égard
ce qu'il vous conviendra. J'augure cependant trop bien de
votre impartialité pour penser que vous puissiez imiter l'exemple des rédacteurs de *la Quotidienne*, qui, à les entendre,
aspirent à l'entière liberté de la presse, et qui, à l'occasion de la
même brochure dont vous avez rendu compte, avouent ingé-
nument que parce qu'une doctrine ne leur convient pas, ils
ont cru à propos de n'en rien dire afin de ne pas la faire con-
naître ; ce qui signifie, si je ne me trompe, que s'ils avaient
le pouvoir en main, ils useraient d'autorité pour l'étouffer et
pour supprimer les ouvrages qui en parlent.

Recevez, etc.

Le comte DE SAINT-ROMAN, pair de France.

M. le ch. D. L. C. B. fit à cette lettre une réponse dont on
peut prendre lecture dans le Mercure du 14 décembre. Il y
représente d'abord M. de Saint-Roman comme peu cha-
ritable envers le peuple, auquel il veut ôter la pensée d'être représenté dans la puissance législative.

M. le ch. D L. C. B. cherche ensuite à consolider la possibilité de l'existence d'un gouvernement représentatif, à l'aide
d'une phrase dont s'est servi le ministre de l'intérieur dans ses
développemens des motifs de la loi sur les élections, et dans
lesquels il est dit : que les propriétaires, pour la plupar chefs
de famille, réunissent (par ces qualités) toutes les conditions
propres à réprésenter auprès du trône tous les sujets du roi de
France.

Puis, après avoir dit un mot de la classe inférieure dont, à ce qu'il prétend, les intérêts se confondent naturellement avec ceux de la classe admise aux élections, et qui dès lors, suivant lui, y participe implicitement, il entre enfin en matière, et il soutient que la nomination d'un représentant est en quelque sorte la même chose que la nomination d'un arbitre auquel on recommande de se départir le moins possible des intérêts qu'on lui confie. Cette recommandation lui semble tout ce qu'il faut pour mériter à l'arbitre le nom de représentant, même quand cet arbitre ne prononce pas comme le commettant l'aurait voulu. Il suffit, d'après M. le ch. D. L. C. B., qu'il le fasse comme ce commettant *aurait dû le vouloir.*

M. le ch. D. L. C. B. ajoute qu'il n'entend pas finesse dans la distinction qu'on voudrait établir entre un arbitre et un représentant ; il blâme M. de Saint-Roman d'avoir rangé le système représentatif parmi les idées vagues et fausses qui, depuis trente ans, n'ont cessé de faire couler à grands flots le sang dans toutes les parties du globe, et il fait l'observation que ce système est inconnu des trois quarts de la terre.

Il cite ensuite une expression tirée du dernier ouvrage de M. de Saint-Roman. Cette expression, dont il ne peut s'étonner assez, est la *liberté despotique*, et il prête à M. de Saint-Roman la pensée de la substituer à la *liberté politique*.

Enfin, après quelques réflexions sur une autre phrase de M. de Saint-Roman, où il est dit que le gouvernement monarchique ne disparaîtra pas dans la pensée des sujets, parce que le prince aura fait concourir deux assemblées aux résolutions législatives, il termine en faisant l'éloge du style et de la dialectique de son adversaire, mais en le plaignant de professer une doctrine si dangereuse.

M. de Saint-Roman, qui regarde comme de la plus haute importance de fixer enfin l'idée qu'on doit se former des prétendus gouvernemens représentatifs, a fait une réponse, que des changemens survenus dans la propriété du Mercure n'ont pas permis d'insérer dans ce journal. La voici :

A M. le rédacteur du Mercure de France.

MONSIEUR,

Si M. le ch. D. L. C. B. dans sa réponse à la lettre que je vous ai adressée, n'eût fixé lui-même le point de la question qui nous divise, je ne prolongerais pas une discussion dans laquelle l'extrême différence de nos opinions m'interdirait tout espoir de le convaincre. Mais la sagacité dont il donne des preuves, et qui l'a forcé à me faire d'importantes concessions, me porte à croire qu'il est beaucoup plus près qu'il ne pense d'embrasser mon avis sur tous les points et sans la moindre restriction. Il ne doit pas s'étonner de ma constance à combattre *les systèmes prétendus représentatifs ;* car il sent lui-même qu'aussitôt que les illusions qui leur servent de base seront dissipées, la force des révolutions modernes s'évanouira avec elles. C'est donc à la démonstration du néant de ces illusions que je vais encore principalement m'attacher.

M. le ch. D. L. C. B. m'accorde (et c'est en cela que je me renferme) que la fonction d'arbitres entre pour beaucoup dans celle de représentans.

Il va plus loin : il dit même qu'en justice un arbitre est une sorte de représentant.

C'est ce dont aucun homme de loi ne conviendra.

Il est reçu qu'un arbitre n'est qu'un juge qui n'a de différence avec ceux qu'institue la loi, que d'être proposé et accepté par les parties : et il est même à remarquer que les juges ordinaires ont quelque chose qui les rapproche de la qualité d'arbitres ; car, d'après certains motifs que les lois autorisent, il est permis de les récuser. Cependant, je ne sache pas que, jusqu'à nos jours, aucun plaideur, d'après cette faculté d'approbation ou d'improbation dans le choix des juges, leur ait jamais donné le nom de ses représentans, et les ait considérés autrement que comme des supérieurs revêtus d'un pouvoir éminent, dont il attendait les arrêts avec une grande perplexité.

Ils le représentent, va-t-on me dire ; car ils n'ont droit de vouloir et d'ordonner que ce que le plaideur *doit* vouloir lui-même. Ils représentent donc sa volonté légale, ils sont donc ses représentans.

En vérité, jamais, dans aucun moment de ma vie, je n'ai

rien dit de plus exact que lorsque, dans mon dernier ouvrage, j'ai avancé que notre scolastique politique n'avait rien à envier en fait de subtilités à la scolastique théologique du treizième siècle. Il ne se passe pas un seul jour qni n'en apporte les preuves les plus multipliées et les plus incontestables.

M. le ch. D. L. C. B., qui par urbanité cherche à mêler quelque chose de flatteur à ses critiques sévères, a voulu me persuader qu'il avait pris lecture de ce même ouvrage, et il en cite en effet quelques passages détachés. Mais la manière dont il les présente et dont il en saisit le sens, le trahit et me prouve évidemment qu'il n'a fait que parcourir à la hâte quelques feuillets, et que l'ennui ou que le peu d'accord de nos opinions l'a bientôt forcé de fermer le livre, pour n'y plus revenir. S'il eût bien voulu prêter quelque attention aux matières qui y sont traitées, il aurait vu, par exemple, qu'à l'occasion de la doctrine professée par M. Fiévée sur les gouvernemens représentatifs, ce livre discute fort au long *la représentation d'équité* à laquelle se réduit nécessairement *la représentation d'intérêts communs ;* la seule qui, suivant M. Fiévée, ait quelque réalité. Mais dès là que toute représentation, parvenue à de semblables généralisations. convertit forcément les prétendus représentans en juges obligés par leurs fonctions de n'affectionner aucun intérêt particulier aux dépens des autres, j'ai lieu de penser que M. le ch. D. L. C. B., s'il avait lu mon ouvrage en entier, aurait perdu toute confiance dans l'argument *mi-parti* qu'il m'oppose, et sur lequel je vais revenir dans un moment, avec un juste espoir qu'il ne le produira plus. Il aurait vu aussi, dès mon second ou troisième chapitre, que par une conséquence presque burlesque du principe que dans toute élection on envisage, *non ce qu'on veut, mais ce qu'on doit et ce qu'on devra vouloir en quelque circonstance qu'on soit placé ;* il est certains pays où le malfaiteur voulant nécessairement l'arrêt qui le condamne, et auquel il a participé quoique de loin dans les assemblées électives, trouve son propre représentant, et en quelque sorte, un autre lui-même dans le maître des hautes œuvres qui le suspend aux fourches patibulaires. Néanmoins, comme cet héroïsme de principes est peu adapté à la faiblesse de l'homme, comme d'ailleurs il n'est pas toujours certain que la décision des juges soit entièrement conforme aux règles de l'équité, et comme dès lors le patient peut souvent croire, par exemple, qu'on a été trop rigoureux envers lui, et se garder, par conséquent, même sous le rapport de la justice, de donner son assentiment au jugement de mort qu'on lui prononce, tous les peuples en général, et nos pères en particulier, sont convenus de nommer chaque chose par son nom, et d'appeler juge celui qui porte l'arrêt, exécuteur celui qui est chargé de son accomplissement, et fondé de procuration celui qui a pris la défense du condamné, et qui, s'il eût été possible, l'eût préservé de son malheureux sort. C'est ce dernier qu'on pourrait, à juste titre, désigner sous le nom de représentant : car, dans le cours ordinaire des choses, *on sait ce qu'on veut beaucoup plus que ce qu'on doit vouloir*, et c'est cette volonté très-distincte et très-facile à saisir, que les avoués et les avocats doivent défendre et représenter dans les tribunaux ; vient ensuite la partie publique, qui, par cela même qu'elle ne personnifie qu'une collection opérée dans notre esprit, et qu'elle ne représente aucun individu en particulier, remplit un devoir tout contraire, celui de l'impartialité et de la rigueur dans les principes, et le juge à son tour prévariquerait s'il n'observait la même impassibilité, et si la moindre considération personnelle faisait pencher sa balance.

Il en est de même de l'arbitre, lorsqu'il entre dans ses fonctions judiciaires. Ce serait lui faire une injure sanglante, que de se figurer que, sur le point de droit, ses décisions pussent être influencées par l'intérêt qu'il porte à sa partie ; seulement dans les considérations accessoires, comme peuvent l'être l'indigence de la personne qui l'a nommé, la bonne foi qu'elle a mise dans ses procédés, etc., il sollicite la bienveillance de sa partie adverse. C'est dans cette fonction toute passive qu'il devient, si l'on veut, représentant. Mais qu'y a-t-il de commun entre ce rôle éventuel et secondaire et le rôle principal ; et par quel misérable subterfuge voudrait-on puiser, dans l'étrange confusion de choses aussi distinctes, le prétexte de substituer le nom de représentant à celui d'arbitre ? J'ai fait remarquer en matière semblable, dans l'un de mes écrits, que le même procédé autoriserait à désigner comme musiciens David ou Giraudet, pour peu qu'on les eût entendus fredonner quelques airs, ce qui ne laisserait pas, il faut en convenir, que d'apporter une lucidité bien précieuse dans la distinction des diverses professions auxquelles chaque citoyen s'est consacré, et d'en donner une idée bien exempte de méprises. Mais je vais encore attaquer mon adversaire de plus près.

Je veux que hors du jugement, où toute représentation cesse de la manière la plus impérieuse, l'arbitre conserve quelque rapport avec la fonction de représentant : cette qualité s'étend-elle sur l'autre arbitre qu'a nommé la partie adverse ? s'étend-elle sur un troisième qui d'ordinaire entre en fonction, lorsqu'il y a partage entre les deux premiers ? et, pour une parcelle de représentation ou plutôt de *velléité* d'utilité personnelle, qui peut exister dans l'un de ces trois individus, ferons-nous disparaître la qualité de juges qu'ils exercent, et les convertirons-nous en agens subordonnés à leurs parties? Car M. le ch. D. L. C. B. se le dissimule en vain ; il ne peut conserver à ses arbitres une arrière-couleur de représentans, qu'autant qu'ils prennent à cœur l'intérêt de leurs commettans au—delà des limites d'une stricte justice ; et prétendre en faire des représentans de pure équité, c'est, comme je l'ai déjà fait sentir plus haut, me donner gain de cause de la manière la plus complète, c'est les constituer *pouvoir souverain* ; c'est ôter tout le charme de la représentation ; c'est, lorsqu'on espérait obtenir des services, ne plus offrir à l'imagination que devoir et qu'austérité.

M. le ch. D. L. C. B. m'accuse de manquer de charité, en m'efforçant d'ôter au peuple l'illusion de la représentation nationale. Mais est-ce une charité bien entendue, et surtout bien loyale, que de promener ses espérances de chimères en chimères, qui disparaissent à mesure qu'il se croit au moment de les saisir? N'en déplaise à mes adversaires, je continuerai à parler avec droiture et franchise ; et, si le client cherche en vain à placer la représentation parmi les arbitres qui doivent décider de son sort, et trouve à peine la possibilité de s'en figurer quelques vestiges symboliques dans les dispositions d'âme de celui qu'il a nommé, je persisterai à prouver au peuple que, d'après les principes révolutionnaires, ces vestiges sont encore bien plus dépourvus d'existence dans les assemblées, que si mal à propos on s'opiniâtre à décorer du nom de représentatives.

Elles le seraient peut-être si, contentes de venir exposer au prince les besoins des peuples, elles n'exerçaient aucun pouvoir, et si leurs membres se bornaient à plaider la cause que leurs commettans leur auraient confiée. C'est ainsi que tant que l'arbitre fait valoir les moyens de la personne qui l'a choisi, qu'il cherche à toucher, en sa faveur, l'adverse partie, et qu'il n'est pas encore entré dans sa fonction de juge, on peut trouver en lui quelque similitude avec un représentant. Mais ce qu'on ne saurait trop remarquer à la honte du siècle, c'est que la doctrine de la révolution, qui n'a jamais entendu reconnaître que des représentans, a précisément établi les principes nécessaires pour qu'ils cessassent *entièrement* de pouvoir prétendre à cette qualité.

En effet, d'après nos dogmes modernes, un représentant n'est pas le représentant de son département, *il l'est de toute la nation :* il ne lui est donc plus permis de solliciter pour un endroit de la France plus que pour un autre. Sans cette doctrine, son département aurait pu retrouver en lui une apparence de représentation, une fraction d'intentions locales infiniment petite, il est vrai, comparativement à d'autres intentions semblables et souvent très-opposées qui se rencontreraient dans d'autres membres. Mais, d'après la doctrine de la représentation générale, revêtue par chaque représentant en particulier, cet espoir est entièrement déçu ; et l'on ne trouve plus qu'un arbitre balançant tous les intérêts même avant d'entrer en fonction et de prononcer ses jugemens souverains par les lois qu'il porte, de même que les autres magistrats prononcent les leurs par les lois qu'ils appliquent.

Ainsi, dans ces principes encore plus, s'il se peut, que dans ceux de notre Charte, qui n'admet que des députés sans mandats, *la représentation n'est autre chose qu'un pouvoir.* Tout ce qu'on peut se promettre des envoyés transformés en dominateurs de leurs concitoyens, est un souvenir amical, lorsqu'on leur parle des personnes qui par leur choix les ont élevés à ce poste éminent ; et le raisonnement de M. le ch. D. L. C. B, si l'on se transporte dans les réalités, se réduit pour chaque partie de notre France *à offrir aux commettans-électeurs un centième tout au plus de sollicitudes représentatives contre les décisions législatives d'une collection étrangère et inconnue, à l'exception de ce centième.* Voilà, certes, un titre bien imposant pour remplacer le nom de magistrat et d'arbitre par celui de représentant !

M. le ch. D. L. C. B. s'est donc bien vainement flatté pendant quelques instans de parvenir à rendre la question douteuse. Il ne peut jamais trouver dans ses représentans, lorsqu'ils remplissent leurs fonctions, que des officiers d'équité générale, pour ainsi dire : ils n'ont aucun compte à rendre de leurs résolutions, *aucune ratification à subir, aucune révocation à craindre,* et leurs intentions bénévoles, comme chez tous les autres souverains, dépendent uniquement des dispositions de leur âme.

On le voit, et je l'avais expressément avancé dans ma première lettre, l'épithète de *représentatifs* n'a rien qui distingue nos gouvernemens modernes des *gouvernemens électifs* ; on a su de tout temps que ceux-ci, à quelques avantages plus séduisans que réels, réunissaient de grands inconvéniens. Ils peuvent subsister dans des pays que l'océan sépare de tous les autres. Mais sur le continent, lorsqu'un pouvoir supérieur n'en comprime pas les écarts, ils disparaissent bientôt dans les discordes civiles ; et c'est par un système tout contraire, en un mot par celui d'une hérédité légitime et toujours constante que de siècle en siècle la France s'était élevée du rang de puissance du second ordre à la prépondérance la plus glorieuse.

Mais, on n'en saurait disconvenir, ce n'était pas une désignation vraie qu'on cherchait à introduire parmi nous, lorsque originairement on nous parla d'une représentation nationale. Il est certain ; et c'est un fait connu de toute la terre, qu'à l'aide de ce mot, on n'avait d'autres vues que de s'emparer d'une arme *à deux tranchans*. D'un côté, le nom du peuple dont on se disait les représentans servait à détruire le gouvernement établi ; de l'autre, la persuasion qu'on avait soin d'inspirer à la multitude que ce qu'ordonnaient ses prétendus interprètes, elle-même le voulait, donnait les moyens d'asseoir la tyrannie la plus cruelle qui jamais ait pu souiller les fastes de l'histoire. Les mêmes effets, n'en doutons pas, pourraient encore se reproduire tôt ou tard par les mêmes idées. Je n'ai besoin, pour en convaincre, que de citer l'exemple des cent jours et de la chambre des représentans de Buonaparte, qui très-certainement, après avoir fait valoir son origine populaire, prétendait bien nous imposer la loi et nous faire subir le *libéralisme* de sa domination.

M. le ch. D. L. C. B, qui paraît avoir les yeux fermés sur les dangers du despotisme des assemblées, met toute *sa finesse* à ne pas distinguer la fonction d'arbitres de celle de représentans. Il me permettra de mettre toute la mienne à montrer à mes concitoyens que, par une basse flatterie et sous un nom dérisoire, des fugitifs, des ennemis cachés peuvent encore aspirer à les subjuguer, comme ils le firent dans des temps de trop douloureuse mémoire. Si quelques penseurs plus ardens que sages, et bien jeunes encore, ce me semble, m'accusaient d'être le partisan du pouvoir absolu ; si, par amour de la nouveauté et par haine de la monotonie, ils ne rêvaient, pour m'exprimer ainsi, que *gouvernemens dramatiques* ; si, par avidité de spectacles et peut-être par empressement d'y figurer eux-mêmes et d'y déployer des talens consommés, ils me reprochaient de me montrer rebelle à la voix de mon siècle, je leur répondrais qu'ils pourraient bien se tromper eux-mêmes, et que la France n'a pas cessé un seul moment d'être essentiellement monarchique ; j'ajouterais que ce n'est pas en suivant les préjugés de leur temps qu'ils auront droit de se promettre une gloire durable, et je leur représenterais que l'esprit humain n'eût jamais fait le moindre progrès, si des hommes plus exempts de préventions que les autres n'eussent cherché à ramener leurs contemporains dans le chemin de la vérité. Enfin, s'ils poussaient l'aveuglement jusqu'à me contester les faits les plus évidens, et jusqu'à prétendre que je combats des chimères, et que, par exemple, le fortuné système des gouvernemens représentatifs n'a fait couler que peu de sang sur la surface du globe, j'oserais leur dire très-formellement qu'ils se font illusion de la manière la plus étrange ; que *l'innocent* que je poursuis, après avoir été compromis directement dans les affaires des plus beaux royaumes de l'Europe, l'a été ensuite par ses ayans-cause dans les Indes, en Syrie, de l'Égypte jusqu'au cap le plus méridional de l'Afrique, et qu'il fait encore parler de lui de la manière la plus désastreuse depuis le Paraguay jusqu'au Mexique ; c'est-à-dire qu'on a droit de l'accuser d'avoir fait immoler, soit par lui, soit par ses complices, des millions d'hommes dans toutes les parties du monde.

Mon adversaire dit que ce que je prouve, je le prouve à ma manière ; mais lui ne prouve rien ; il se contente, à la façon de plusieurs de mes réfutateurs qui l'ont précédé, de parler de mes erreurs et de la faiblesse de mes raisonnemens. Mais quand il faut aller au fait et examiner les choses, on ne trouve plus que des allégations, et ce que j'ai dit demeure intact et dans toute sa force.

Il paraît aussi mettre quelque confiance dans un autre genre de divagation (je cherche en vain une expression plus adoucie, je n'en trouve pas d'autre), il paraît, dis-je, mettre quelque confiance dans une autre divagation, qui consiste à faire entendre qu'un personnage important, un ministre, en un mot, pourrait bien être de son avis. Je ne lui répondrai pas qu'un ministre a bien d'autres occupations que de faire de la métaphysique sur les mots dont il se sert, et qu'au besoin je pourrais opposer ministre à ministre, et en citer un dont le témoignage est d'autant plus important, qu'il a présidé à la rédaction de la charte ; mais je me contenterai de lui faire l'observation que ces considérations ne font absolument rien à l'affaire ; qu'il s'agit de raisonnemens, c'est-à-dire d'une chose à laquelle, je n'en puis douter, il sait tout aussi bien que moi que les rangs sont tout-à-fait étrangers. Ainsi, lorsque nous aurons des questions à éclaircir, je le préviens que j'écarterai toujours cette manière de discuter, en le pressant de venir au fait, et en lui disant : *Nous verrons bien*, ainsi que le disait l'Alceste de Molière au doucereux Oronte, qui venait de se servir des mêmes appuis préliminaires.

Il me reste encore une petite difficulté à aplanir avec M. le ch. D. L. C. B.

Il me fait proposer, *avec une franchise admirable* (ce sont ses expressions), de remplacer le gouvernement représentatif par la *liberté despotique*. Je lui en demande pardon ; mais je n'ai rien dit de cela *. S'il se fût donné la peine de lire en entier le chapitre XIII de mon ouvrage, et de ne pas s'arrêter au sommaire où il a puisé son assertion dans quelques mots qui attendaient leur explication, il aurait vu que je ne me sers de l'expression de liberté despotique que par une sorte de plaisanterie, et pour l'opposer au gouvernement représentatif que je prétends être aussi contradictoire dans ses termes, que cette liberté pourrait l'être dans les siens. Il est vrai que j'ajoute que cette même liberté est préférable à la manie de faire des lois, dont nous avons été les tristes témoins. Je l'ai dit, et je ne m'en dédis pas. En effet je soutiens qu'on sait beaucoup plus sur quoi compter, et qu'on jouit d'une beaucoup plus grande sécurité sous le règne d'un roi environné de son conseil et des usages de sa monarchie, que sous celui d'assemblées qui croiraient, par profession, devoir à tout propos enfanter des lois à peu près avec la même cohé-

---

*J'ai adressé une pareille admonition aux rédacteurs de la Quotidienne, qui se sont permis la même imputation, et qui, par la mutilation d'un de mes paragraphes, me prêtent en outre une phrase fort ridicule. Je méprise ces petits moyens, et j'attends les réponses. Mais, comme je vais droit à mon but, j'ai remarqué avec un grand plaisir que, d'après de nouvelles idées de la façon de la Quotidienne, les pères, les tuteurs et les rois, sont représentans de leurs enfans, de leurs pupilles et de leurs sujets. De cette manière, dès que nous découvrirons dans nos supérieurs l'obligation de défendre nos intérêts, ils seront nos représentans; on ne peut être plus prodigue de représentations et de gouvernemens représentatifs; je crois cependant qu'il serait bon, si l'on veut continuer à parler intelligiblement, de ne pas s'écarter de la méthode que j'ai déjà recommandée au commencement de ma lettre comme ayant été très-utile à nos pères, et qui consiste à donner un nom à chaque chose, eût-elle même dans son essence (comme il arrive presque toujours) quelque arrière-idée qui lui serait commune avec beaucoup d'autres.

Au surplus, comme d'après mes principes il y a toujours eu une accession tacite du sujet au gouvernement dont il suit les lois, l'habitant de Smyrne ou de Constantinople n'a qu'à se figurer que par cette accession il a consenti à reconnaître le grand-seigneur comme son représentant; il pourra se flatter alors de jouir d'une représentation presque avec autant de fondement que peut en avoir l'habitant de Lyon ou de Paris de s'imaginer qu'en participant à la nomination *d'un pouvoir* il nomme un représentant.

rence qu'on trouve dans la pièce à tiroirs, où le fabuliste de Boursault tient toujours en réserve une petite fable toute prête pour les circonstances. Du reste, j'ose défier M. le ch. D. L. C. B. de me prouver que je manifeste, dans une seule partie de mon ouvrage, le désir de voir s'établir cette singulière liberté; et je le crois obligé, en bonne foi, de reconnaître que celle, dont je ne cesse à chaque instant de recommander l'usage, est la liberté civile, qui confère à tout citoyen le droit de faire tout ce que les lois ne défendent pas.

Tout ce que M. le ch. D. L. C. B. dit ensuite de mes écrits ne peut que m'être extrêmement agréable. Il me témoigne un intérêt sincère; il me plaint si mes idées pouvaient recevoir quelque accomplissement. J'avoue que je ne comprends pas bien ce passage; je ne veux que la charte, que les moyens de la conserver, et que la puissance qui en est la première source. C'est la doctrine que je professe à toutes les pages de mon livre. Il n'y a, que je sache, aucun danger pour moi dans cette manière de voir. Si M. le ch. D. L. C. B. regarde cependant que ce serait *me jouer un tour perfide* que de m'encourager dans mon opinion, moi, par un intérêt réciproque, je ferai tous mes efforts pour ne pas l'encourager à puiser ses notions politiques dans les interprétations anarchiques avec lesquelles on se complaît tous les jours à commenter la charte. Je sais trop quel cercle de calamités s'ouvrirait pour les auteurs même de ces interprétations, si elles obtenaient quelques succès. Les procédés entre M. le ch. D. L. C. B. et moi sont donc entièrement analogues, et les intentions sont également louables. Il ne s'agit que de savoir de quel côté les craintes sont le mieux fondées.

J'ai encore d'autres remercîmens à adresser à M. le ch. D. L. C. B. pour la manière avantageuse dont il veut bien parler de mon style et de la force de ma dialectique. Je lui demande cependant la permission de faire une distinction à cet égard. Je n'accepte pas les éloges qu'il donne à ma manière d'écrire. Chaque jour je découvre des défectuosités sans nombre dans mes écrits; j'espère cependant en faire disparaître plusieurs de mon dernier ouvrage lorsque j'en publierai la seconde édition; beaucoup de fautes s'y sont glissées par l'état de maladie où je me trouvais lors de sa composition. Quant à ma dialectique, je reconnais sans détour avec M. le ch. D. L. C. B., tout ce qu'elle peut avoir d'entraînant, et je le fais sans blesser la modestie, parce que le guide que je cherche à suivre de tout mon pouvoir est la vérité, et que ce guide, lorsqu'on a le bonheur de se le rendre fidèle, finit toujours par renverser les obstacles, et devient irrésistible. C'est avec lui seul que j'ai conspiré : je conviens qu'il a fait passer beaucoup de personnes de mon côté, et j'espère que tous les jours il m'en conciliera davantage.

Telles sont, Monsieur, les observations que j'ai cru devoir vous adresser sur la réponse que m'a faite M. le ch. D. L. C. B., et que vous avez publiée dans le Mercure du 14 du courant. L'impartialité dont vous m'avez donné la preuve en insérant ma première lettre, me donne lieu d'espérer que vous voudrez bien en agir de même pour la seconde.

Agréez l'assurance de la considération avec laquelle je suis

Votre très-humble et très-obéissant serviteur,

Le comte de Saint-Roman.

Paris, le 23 décembre 1816.

IMPRIMERIE DE FAIN, PLACE DE L'ODÉON.